AF248513

Le Bombardement de Strasbourg

(du 13 Août au 27 Septembre 1870).

CONFÉRENCE

faite à Amsterdam, La Haye, Leyde et Rotterdam,

PAR

A. ESCHENAUER,

Pasteur à Strasbourg.

(Se vend au profit des victimes.)

LA HAYE,

LES HÉRITIERS DOORMAN.

1870.

Le Bombardement de Strasbourg

(du 13 Août au 27 Septembre 1870).

CONFÉRENCE

faite à Amsterdam, La Haye, Leyde et Rotterdam,

PAR

A. ESCHENAUER,

Pasteur à Strasbourg.

(Se vend au profit des victimes.)

LA HAYE,
LES HÉRITIERS DOORMAN.
1870.

LE BOMBARDEMENT DE STRASBOURG.

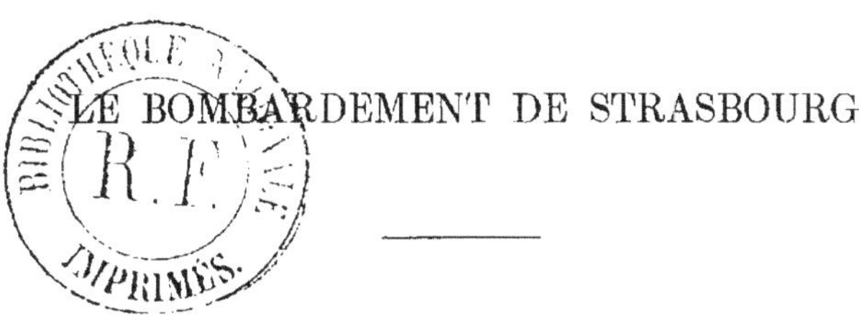

Mesdames et Messieurs!

Une grande infortune, celle de la ville de Strasbourg, victime entre toutes d'une guerre déplorable, fait appel à votre sympathie et à votre libéralité. Un comité central, composé uniquement de citoyens strasbourgeois, offrant toutes les garanties d'honorabilité, d'activité, d'indépendance, m'a fait l'honneur de me déléguer auprès des Hollandais, qui m'ont si cordialement accueilli en 1864, pour implorer leur assistance.

Cette mission, au milieu même de la douleur et du deuil qui m'oppressent, je l'ai acceptée avec empressement, et j'ai lieu d'en être doublement reconnaissant : d'abord, parcequ'elle me permet de prêter mon faible concours à une entreprise réparatrice, à une oeuvre d'humanité pure ; ensuite, parcequ'elle me fournit l'occasion de renouer des relations amicales avec un pays que j'ai appris à estimer et à aimer, un pays qui sait allier le courage et, au besoin, l'audace à la prudence, l'élan à la persévérance et à la fermeté, la générosité à l'ordre et à l'économie, la largeur des vues enfin à la libre profession de l'Evangile éternel de notre Seigneur et Sauveur Jésus-Christ. Un pays qui, dès longtems, a appris à compatir aux souffrances même les plus lointaines, à accueillir tous les réfugiés, notamment les Huguenots français du 17ᵉ siècle ; un pays qui sait, — sa devise : *Je maintiendrai!* aussi bien que son histoire en font foi, — résister héroïquement à l'oppression, serait-il sourd au cri poignant de mille et mille malheureux, sans abri, sans travail, sans ressources, à l'entrée de l'hiver ?

Non, cela n'est pas possible, que dis-je ? cela n'est pas. Ce que, dès mes premières visites, j'ai obtenu d'une libéralité empressée nous est à tous un sûr garant de ce qui parviendra encore à notre comité. Les grandes villes de la Hollande ne voient-elles pas d'ailleurs en Strasbourg une soeur rapprochée par quelque analogie d'esprit, de coutumes, de caractère, sinon même d'aspect général. Un grand fleuve les relie les unes aux autres comme un large et brillant bandeau, ou, pour emprunter à PASCAL son profond et pittoresque langage, comme „un chemin qui marche;" et, en portant au libre et majestueux empire des mers le tribut de ses ondes enrichies de mille affluents, il semble se rire de nos misérables querelles et nous convier tous à la concorde, à l'abondance, par un généreux échange de produits, de sentiments et de pensées.

Pour moi, Messieurs, je dois, aujourd'hui, essayer d'entrer dans cette voie et m'efforcer de répondre, du mieux que je puis, à votre légitime intérêt, en vous racontant sommairement, comme vous vous y attendez sans doute,

LE SORT DE STRASBOURG

1°. immédiatement *avant*, 2°. *pendant*, 3°. *après* le bombardement épouvantable que nous avons essuyé 46 jours. J'ai pu, j'ai dû même, par la nature de mes fonctions, en suivre, en observer de près, jour par jour, quartier par quartier, les phases douloureuses.

Ne cherchez point ici, Messieurs, de longues considérations religieuses, morales ou politiques sur les évènements accomplis. Ce serait la matière d'un gros volume. D'ailleurs le caractère de ma mission aussi bien que la neutralité du pays dont j'invoque le secours me commandent quelque réserve. Les faits seuls parleront et mettront chacun de vous en état d'apprécier, de juger ... et de donner à bon escient.

I.

Représentez-vous bien Strasbourg. Bâtie au beau milieu de la vallée du Rhin, entre les Vosges et la Forêt-Noire, sur un territoire tout coupé d'eaux, fortifiée par VAUBAN, peuplée de 80,000 âmes, cette ville est arrosée par deux courants assez larges, l'Ill et la Bruche canalisée, qui embrassent, de l'Ouest à l'Est la plus grande partie de son étendue et en font une île riante et animée. Beaucoup trop resserrées dans leur enceinte de hautes et fortes murailles, ses maisons, dans les faubourgs, au Nord comme au Sud de cette île, vont jusqu'au pied des remparts, que baignent de très-larges fossés faciles à inonder.

D'innombrables travaux détachés, une citadelle immense, chef-d'oeuvre de VAUBAN, qui s'avance jusque vers le petit Rhin, à un kilomètre de Kehl, tête de pont du côté de l'Allemagne, protégent la ville ... Donc, disait-on parmi nous, celle-ci est imprenable, sinon par la famine ; et encore faudrait-il, pour l'investir, une armée de cent à deux cent mille hommes. Et on le croyait, sur la foi des siècles, sans faire le compte des progrès de *l'industrie*, de l'art de détruire ! Le bel art que celui qui, par une sanglante ironie, met *l'instruction* au service de la *destruction*, réduit à néant les efforts du génie, les travaux des âges et fauche sans pitié des générations humaines !

L'artillerie moderne à longue portée, si formidable surtout chez les Prussiens, exigeait des forts avancés sur les hauteurs qui, dans un rayon de une à deux lieues, à l'Ouest et au Nord, dominent la ville. On y avait bien pensé:.. mais le fait est qu'ils manquaient totalement; et, tandis que, pendant le blocus de 1814, quelques boulets à peine tombèrent dans la ville, vous allez voir ce qui arriva en 1870, alors que l'ennemi pouvait établir ses batteries sur les points élevés aux abords de Strasbourg.

Permettez moi de jeter ici un coup-d'oeil rétrospectif sur l'histoire de notre malheureuse cité, afin de vous mettre mieux en mesure de juger de sa situation présente et des dispositions de ses habitants. Que fut Strasbourg dans les anciens tems? Ville prospère, même avant la conquête romaine, puis, centre d'opérations stratégiques et militaires pour le peuple-roi; puis, au moyen-âge, ville libre impériale, ayant son gouvernement propre, ses franchises municipales, son droit de frapper monnaie, portant dans les grandes cérémonies, dans les diètes et sur les champs de bataille, sa bannière (une vierge assise, les bras étendus, l'enfant Jésus sur les genoux — brûlée dans l'incendie de la bibliothèque) immédiatement après celle de l'Empire germanique. Plus tard, tiraillée par des querelles oligarchiques, — tant il est vrai que les républiques elles-mêmes ne sont pas exemptes des faiblesses humaines? — exposée à l'ambition de voisins jaloux de son indépendance, elle ouvrit, dès le commencement du XVIIe siècle, sous Louis XIII, des négociations d'alliance politique avec la France, qui semblait seule pouvoir lui prêter un solide appui; et, grâce à l'habileté diplomatique de Louvois (vous savez que la ruse n'est jamais absente de la diplomatie), ces négociations reprises, poursuivies avec ténacité, aboutirent. Surprise, la ville de Strasbourg capitula, plus ou moins librement, du moins sans coup férir, devant l'étendard du Roi-

Soleil. Elle ouvrit, en Sept. 1681, ses portes à Louis XIV, et son union à la France consolida l'annexion de l'Alsace qui a fourni, dans tous les tems et dans tous les ordres d'idées, des sujets distingués à sa patrie cordialement adoptée. Rappelez-vous seulement le premier Empire avec ses maréchaux et ses généraux les plus illustres. Voilà un souvenir qui frappe tout d'abord l'attention. J'aime mieux, pour mon compte, celui de tant d'hommes de bien, de savants, d'humanistes, de pédagogues, d'industriels, d'administrateurs habiles, qui furent des intermédiaires providentiels entre deux grands peuples faits pour se comprendre, se compléter et s'entr'aider, et non pour se jalouser et s'entre-dévorer. Par sa situation géographique, comme par la nature de son esprit, par son tempérament, son idiosyncrasie, l'Alsace peut d'ailleurs, dans les moments difficiles, être considérée comme un tampon salutaire pour amortir les chocs entre la France et l'Allemagne. Le Congrès de Vienne paraît l'avoir bien reconnu, alors que, malgré les prétentions avides de la Prusse, il consacra, en 1815, une alliance déjà séculaire, cimentée par une heureuse harmonie d'idées, de goûts, d'aspirations. L'Alsace ne saurait oublier qu'elle doit à la France, dévoyée par l'invasion étrangère et par le despotisme militaire qui en fut la suite, les grands, les généreux principes de 89 qui feront le tour du monde.

La guerre de 1870, — qui l'a voulue? qui l'a ardemment préparée? qui l'a rendue en quelque sorte inévitable?.. l'histoire le dira, — la guerre insensée, inhumaine qui nous désole éclate; et je la déplore doublement, pour ma part, à cause des fautes et des malheurs de ma patrie bien-aimée, plus victime encore que coupable. Notre gouvernement nous disait prêts, archi-prêts à engager la lutte, pour prévenir, pour arrêter l'envahissement d'un voisin rendu chaque jour plus menaçant. Hélas! nous ne l'étions guère, et l'avenir dira si nos chefs n'ont pas joué dans le jeu de l'adversaire le plus implacable dans son astuce. Nos canonnières, qui devaient traverser le Rhin avec un corps de pontonniers des mieux exercés, n'ont point paru. Nos troupes commandées imparfaitement, tout-au-moins avec hésitation, surprises, écrasées par le nombre et par l'effort d'une artillerie colossale, subissent, après s'être battues comme des lions, les sanglantes défaites de Wissembourg et de Froeschwiller, les 4 et 6 Août. Ce dernier jour, à 6 h. du soir, nous arrivent environ 2000 fuyards de toutes armes, se mêlant aux nombreux convois de blessés qui bientôt remplissent nos ambulances fort bien organisées et servies avec un généreux dévouement.

A 7 heures, l'ennemi paraît déjà sous nos murs. On bat la générale. On court aux remparts. Il en était tems : les pièces étaient loin d'être toutes défendues. On peut s'étonner à bon droit de tant d'impéritie! Nous avions à peine une garnison des tems ordinaires : quelques artilleurs, quelques centaines de pontonniers, les dépôts de quelques régiments de ligne et de quelques bataillons de chasseurs, une centaine de douaniers, à peu-près autant de soldats de la marine, 3000 mobiles inexpérimentés, mais qui, sous le feu, firent promptement leur apprentissage et noblement leur devoir; enfin, c'était le plus fort de notre défense, le 87e de ligne tout entier, qui, de passage dans notre ville, n'en connaissait pas les environs, etc. : en tout, douze à treize mille hommes, sans compter l'inutile régiment de marche formé des débris de Froeschwiller : à la tête, un général de division, commandant supérieur, Mr. UHRICH, homme honnête, ferme, résolu, mais âgé, peut-être un peu neuf, malgré tout, pour une situation aussi exceptionnelle; à l'entour de lui, quelques officiers supérieurs habiles; mais tous, si je ne me trompe, surpris comme nous. Jugez, en effet, de notre alarme, de la panique qui s'empara tout-à-coup de la ville! On s'interrogeait de toutes parts: „La France abandonne-t-elle d'Alsace? L'ennemi bombardera-t-il Strasbourg?" — „Mais non, répondait-on à cette dernière question. Le nœud de la question est ailleurs, à Paris. Ce n'est pas, a-t-on dit, une guerre de conquête. D'ailleurs la cathédrale nous protège. Qui oserait y toucher?" — Vous l'avouerai-je? Je ne partageais nullement ces illusions candides et j'en ai étonné plus d'un en les attaquant.

Pour calmer les esprits, imposer silence à la peur, le Général-commandant, le blocus achevé, fit afficher, dès le matin du 10 Août, la proclamation suivante:

„Aux habitants de Strasbourg!

„ Des bruits inquiétants, des paniques ont été répandus ces jours derniers, involontairement ou à dessein, dans notre brave cité. Quelques individus ont osé manifester la pensée que la place se rendrait sans coup férir.

„Nous protestons énergiquement, au nom de la population courageuse et française, contre ces défaillances lâches et criminelles.

„ Les remparts sont armés de 400 canons. La garnison est composée de 11,000 hommes, sans compter la garde nationale sédentaire.

„ Si Strasbourg est attaqué, Strasbourg se défendra tant qu'il restera un soldat, un biscuit, une cartouche.

„ Les bons peuvent se rassurer; quant aux autres, ils n'ont qu'à s'éloigner."

Hélas! sans manquer de bravoure, foule de femmes, de vieillards, d'enfants auraient profité de la permission; mais il n'était déjà plus tems: l'investissement était complet, rigoureux, et l'ennemi, on le verra plus loin, sut se servir impitoyablement de leur présence parmi nous pour essayer d'ébranler le plus viril courage.

Heureusement encore que les provisions de bouche, tant publiques que privées, ne manquaient pas. L'administration militaire et civile avait fait son devoir avec intelligence. Quant aux ménagères strasbourgeoises, elles sont aussi prévoyantes que celles de la Hollande : ce n'est pas peu dire. Enfin notre défense s'organise, bien que tardivement. Des corps de francs-tireurs et tirailleurs se présentent pour aider aux sorties, harceler l'ennemi. Celui-ci est infatigable à prendre ses positions, à dresser ses batteries, à profiter des moindres avantages de terrain, de nos propres terrassements, de nos bâtisses dont plusieurs, fortes et neuves, dûrent être rasées par notre feu. Des pièces volantes protègent ses mesures. Dès le 13 Août, le canon retentit, l'obus éclate dans la ville. Quelques escarmouches se livrent, dans la banlieue, entre les assaillants et nos ouvriers occupés à abattre, à la hâte, ces allées d'arbres séculaires qui dessinaient les abords de la ville.

Le 14, les gazomètres, mesure de prudence bien motivée, sont évacués. Chaque maison est, de par l'ordre de l'autorité, éclairée par une lanterne, et l'aspect général de la ville, qui semble vieillir tout-à-coup de plusieurs siècles, en est rendu fantastique. Les obus continuent et les victimes commencent.

Le 15, — on sait que c'est le jour de la fête nationale instituée par Napoléon I, — on se réunit à la cathédrale et au Temple-Neuf pour y célébrer le *Te Deum* accoutumé. Le pavillon français flotte encore aux quatre tourelles de l'immortel chef-d'œuvre d'Erwin de Steinbach.... *Hinc irae :* la colère de l'ennemi s'allume et la journée qui, éclairée d'un soleil splendide, s'était écoulée passible pour nous, ne devait pas s'accomplir sans une *salve* d'un nouveau genre propre à arracher toute la population à un sommeil trompeur. Je ne dormais pas encore; j'étais absorbé dans mes tristes pensées, partagées entre mon pays déjà inondé, envahi, et ma famille que, dès le 25 Juillet, choisissant de deux maux le moindre, j'avais envoyée au Nord de la France. Onze heures et demie sonnent. Je vois, j'entends éclater les coups vivement répétés de la foudre et reste, sur mon balcon comme fasciné par une muette horreur. C'était la mitraille qui pleuvait sur la ville endormie et qui s'arrêta, tout-à-coup, à minuit, pour reprendre, plus tard, de plus belle... hélas! et comment! Nous étions dûment avertis. Il nous fallut prendre nos mesures, et de là commence le nouvel et triste régime auquel nous étions condamnés, sans pour cela nous attendre aux épouvantables sinistres qui nous étaient réservés pour nous forcer à nous rendre.

Dans tous les cas, nous pouvons résumer d'un mot cette première partie de notre entretien sur les préliminaires du bombardement, et ce mot est peut-être aussi l'expression qui convient à tout le début de cette malheureuse campagne : tout cela n'a été qu'une horrible surprise; nous avons été surpris, et à vrai dire, nous n'en sommes pas encore revenus.

II.

Le bombardement avait commencé sérieusement : il s'agissait de prendre des mesures en conséquence. L'administration en donna l'éveil par un arrêté, en date du 12 Août, qui ordonnait :

„1°. aux propriétaires et aux locataires de placer au

rez-de-chaussée, aux différents étages, et surtout dans les greniers, des cuves remplies d'eau, des linges ou des éponges imprégnées d'eau ainsi que de la terre et du sable non mouillé, afin de pouvoir éteindre immédiatement tout commencement d'incendie.

„2°. Pour assurer une surveillance toujours active il sera organisé dans chaque maison, à tour de rôle, entre les propriétaires et locataires ou de toute autre manière, une garde permanente de nuit, qui agira aussitôt sur les points menacés et donnera l'éveil aux autres habitants de la maison.

„3°. Aussitôt qu'un incendie se sera déclaré dans une maison, les habitants ou les voisins en préviendront les pompiers de service au dépôt le plus rapproché."

Suivait l'indication des huit dépôts.

Bientôt s'organisèrent partout, dans chaque quartier, des patrouilles de veilleurs volontaires, qui, jusqu'au matin, circulaient dans les rues, entraient dans les maisons pour s'assurer qu'on y veillait, et tranquillisaient un peu les esprits par leur garde vigilante.

Ce n'est pas tout: Pour résister, il fallait nécessairement et de toute justice, que la ville prît soin des pauvres, pour qui, sauf pour les veilleurs salariés, le travail cessait tout à coup. A cet égard encore, notre administration mérite tous les éloges et la vive reconnaissance des citoyens strasbourgeois. Elle établit de nombreux restaurants populaires, gratuits ou à prix reduits, pour ménager la susceptibilité des gens qui pouvaient payer. Mais que de gens encore à qui il fallait porter aide et soulagement à domicile !

Et maintenant, Messieurs, représentez-vous S. v. P., l'intérieur de nos demeures et notre régime qui réalisait à peu-près la fable des Troglodytes. Plusieurs jours durant, on fut occupé à s'installer dans les caves, à y transporter des provisions, des objets précieux, des meubles et surtout de la literie ; car désormais la grande majorité d'entre nous ne pensait plus pouvoir dormir tranquille que dans les souterrains. Jugez que de germes de maladies y furent contractés surtout par les personnes faibles, âgées, infirmes! Et encore fallut-il bientôt, dans des quartiers tout entiers, voués à une entière destruction, renoncer à ces abris généralement insalubres ; et c'est sous les flammes et sous une pluie de projectiles, que foule de gens furent obligés de les quitter, notamment la nuit.

Pour moi, ayant eu le privilège de recueillir dans ma cave aérée, spacieuse et *d'un facile accès* (point important!), deux aimables familles du voisinage, dont les enfants surtout faisaient ma distraction la plus chère, je leur abandonnai volontiers ce refuge et appris à dormir plus ou moins bien, au rez-de-chaussée, derrière deux fortes murailles.

Hélas ! les plus épaisses ne garantirent pas nombre de malheureux ! C'est peut-être le moment de vous donner, sans faire injure à votre savoir, — je vous assure que j'aurais aimé vivre à toujours dans mon heureuse ignorance à leur sujet, — une courte description de ces fameux projectiles dont on voulait bien nous régaler nuit et jour.

1°. *Les obus :* une vraie mine volante avec la rapidité et les effets de la foudre. C'est un corps creux, de fonte épaisse surtout au sommet, de forme cylindro-conique, à tête arrondie, garnie d'un piston ou d'un ressort faisant jouer, à l'intérieur, une aiguille qui, traversant le fulminate ou le picrate de potasse, fait éclater la poudre ; celle-ci brise l'enveloppe, et notamment la carapace extérieure de plomb, qui vole en mille débris aigus, en lanières tortillées, déchirant les chairs, faisant d'horribles blessures, et pouvant partager un homme en deux. Quand il fend l'air, l'obus siffle comme un serpent ; quand il éclate, ses débris, tous convexes, hurlent comme un chien aboyant à la lune, ou rouflent comme une toupie énorme. Il en est de différents poids et calibres. Ceux de 50 livres sont tombés en nombre considérable sur notre malheureuse cité. Ils ont percé les murs de pierre dure les plus épais, déplacé des blocs comme nous ferions d'une pièce sur un échiquier.

2°. *Les shrapnell* (je suppose que ce nom est celui de l'illustre inventeur), sont peut-être plus diaboliques encore. Ce sont des obus à balles, de forme sphérique, renfermant de la poudre, du soufre et des projectiles ronds (nous en avons compté jusqu'à 460 dans un seul), qui, éclatant dans l'air, au moment de leur arrivée, projettent en tous sens, avec leurs propres débris, les balles soufrées qu'ils renferment. L'un deux est tombé sur notre maison, tandis que j'écrivais mon *journal* dans mon cabinet; trois balles ont percé les doubles volets de notre salon et se sont amorties contre les matelats dont j'avais blindé mes fenêtres. Qu'on s'imagine le mal que doit faire un de ces projectiles quand il éclate sur un bataillon rangé! Mais tout cela n'est rien:

3°. *La bombe incendiaire*, elle, est le comble du genre. On peut encore, avec de la vigilance et du sang-froid, arrêter un incendie occasionné par les autres projectiles. Ici c'est impossible. La bombe incendiaire est bien nommée; elle verse le feu, un feu fatal, un feu inextinguible. L'édifice sur lequel elle tombe, — et c'est toujours en nombre que l'ennemi en inondait son *objectif* très-nettement déterminé, — est voué à l'holocauste. C'est ainsi, comme il s'en est vanté, qu'il aurait pu brûler la ville tout entière, et sans doute que nous devons lui savoir gré d'avoir épargné ce qui nous reste et admirer le flegme stoïque de ces Germains badauds et grossiers qui, venant visiter nos ruines fabuleuses, s'écrient: „Tiens! ce n'est que ça!" ou bien, en apercevant la cathédrale debout, nous accusent d'avoir menti en affirmant qu'elle a *beaucoup* souffert et qu'elle a brûlé toute une nuit.

Du reste, elle a été dès l'origine, le but avoué de l'ennemi. Pourquoi? parceque, à tort ou à raison, nous y avions un observatoire militaire et un fil électrique correspondant avec l'hôtel de la division. Mais cela ne put durer que quelque tems, et le tir contre la cathédrale, et même contre sa flèche élancée, „comme un doigt de la main levé vers le ciel," (1) à 470 pieds, fut continu jusqu'à la fin. J'en ai été le témoin assidu, navré, indigné . . . et les bris l'attestent. Qu'on ne nous dise pas que c'est par hasard : le Prussien ne brûle pas sa poudre aux moineaux, chacun le sait, et il n'aurait pas voulu perdre ses précieux obus, qui, lancés à cette hauteur, et manquant le but, devaient nécessairement dépasser de beaucoup la ville. D'ailleurs, pour l'obliger à l'aveu, dites-lui qu'il a été bien maladroit : car il a lieu d'être fier, et il l'est, de la force et de la précision de son tir. On a parlé de paris entre pointeurs : j'aime mieux cela ; cela convient parfaitement à la jactance et donne la mesure d'une distinction d'esprit et d'une noblesse de coeur dont on parlera longtems.

Des hauteurs où ils avaient établi fortement leurs batteries de canons tous chargés par la culasse, abrités par d'épais retranchements, les assaillants découvraient parfaitement les points qu'ils voulaient attaquer et pouvaient diriger leur tir comme à la cible, tandis que nos pièces, chargées par la gueule et ayant, par là même, une moindre force de projection, exposaient nos artilleurs.

Kehl eut aussi sa batterie qui, la première, ouvrit le

____

(1) Longfellow.

feu contre la ville, et l'on a trouvé mauvais que la citadelle y ait répondu! Ce serait presque le cas de rappeler
un dicton des plus populaires :

> Cet animal est fort méchant ;
> Quand on l'attaque, il se défend.

De fréquentes sorties, des escarmouches eurent lieu aux
environs de Strasbourg tantôt d'un côté, tantôt de l'autre ;
mais toutes peu importantes, comme le fait supposer l'exi-
guité de notre garnison. L'ennemi occupa bientôt tous nos
cimetières hors ville. Pour un tems, il laissa les funèbres
porteurs y transporter les morts, tandis que les cortèges
restaient à la porte. Le 19 Août, je conduisais le deuil
du dernier de nos frères qui eut ce privilège. A dater du
20, les inhumations se firent au Jardin botanique, à
l'entrée de la citadelle.

Cependant les projectiles continuaient à pleuvoir comme
grêle, causant d'affreux malheurs au sein d'une population civile, inoffensive : plusieurs personnes furent dès le
commencement tuées ou blessées, même dans leur sommeil.
Ainsi une pauvre femme eut les deux cuisses emportées ;
une ménagère préparant à déjeûner, une soeur de charité
soignant son malade furent décapitées par des obus. Le
18, un de ces projectiles tombe, la nuit, dans un dortoir
de jeunes servantes-élèves ; 7 furent atteintes : 3 tuées,
4 amputées. Les ambulances, les hôpitaux ne furent point
épargnés. J'ai vu, de mes yeux vu, tandis que je visitais
une de mes malades, à l'hospice civil, éclater un obus au
pied même de la salle où nous étions. Le département des
femmes en couches eut aussi sa part. Enfin, ô douleur!
quelques malheureux blessés, dont on espérait la guérison,
furent tués dans leurs lits . . . .

Et pourtant, Messieurs, tout cela n'etait encore „ qu'un

commencement de douleurs." Jusqu'au 24, du moins le feu ne parut-il qu'isolément, sur quelques points éloignés. A partir de ce jour, il fut concentré et violemment attisé.

Le 23 Août, on lisait sur nos murs :

„ Habitants de Strasbourg.

„ Le moment solennel est arrivé.

„ La ville va être assiégée et soumise aux dangers de la guerre.

„ Nous faisons appel à votre patriotisme, à votre virile énergie, afin de défendre la capitale de l'Alsace, la sentinelle avancée de la France . . . .

„ Amis! courage! La patrie a les yeux sur nous !

> „ UHRICH, commandant.
> „ Bⁿ. PRON, préfet.

„ B^n^. PRON, préfet.

„ HUMANN, maire."

En effet, dès le soir, à 9 heures, jusqu'au lendemain, à 8 heures du matin, tir infernal. Maisons, Hôpitaux, Ambulances, Eglises, catholiques ou protestantes : rien n'est épargné. Jugez des souffrances des malades, des blessés, des personnes délicates ! Les assaillants déploient un acharnement indicible :

> Ils ne reculent point devant d'odieux crimes
>   Inspirés par la haine et l'orgueil triomphants :
> Jusque dans leur sommeil, inocentes victimes,
>   Tombent vieillards, femmes, enfants !

Des commencements d'incendie éclatent de toutes parts. Mais sous ce rapport rien n'égale l'horreur des nuits des 24 et 25 Août.

On nous disait, Messieurs, à nous, protestants, „ qu'une nouvelle S^t. Barthélemy avait été ourdie contre nous par

le fanatisme ultramontain , que les Prussiens seraient nos libérateurs . . . ” Eh ! de grâce ! un peu de pudeur ! L'orgie sanglante dont nous étions menacés, nous l'avons eue, même à sa date fatale , de la part de ces derniers.

Le 24 , à dix heures du soir, les cris : Au feu ! Au feu ! retentissent partout dans la ville , au signal donné par le guet vigilant de la plate-forme de la cathédrale : Au feu, Temple-Neuf ! Au feu, Bibliothèque ! Au feu, rue du Dôme , rue de la Mésange, Broglie , dans les quartiers les plus opulents ! Au feu , place Kléber , quai Finckmatt , rue du Bouclier ! Et cette fois , rien ne pouvait arrêter le fleau dévastateur : plusieurs de nos héroïques pompiers furent victimes de leur dévouement. C'est à grand peine que , quittant en foule les caves où elles s'étaient réfugiées, des familles entières se sauvèrent au milieu des flammes et des projectiles . . . .

Helas ! et que de trésors inappréciables engloutis , anéantis en moins d'une nuit !

1°. *Le Temple-Neuf*, belle et vaste église gothique du XIIIe siècle, construite par les Dominicains, la plus grande de nos églises protestantes, où prêchèrent les Tauler , les Blessig, sans parler des vivants ; son bel orgue, chef-d'oeuvre d'ANDRÉ SILBERMANN ; ses peintures murales à fresque, dans le goût de Holbein, représentant la Mort impitoyable moissonnant également (ils ne s'en souviennent pas assez !) moines , évêques , cardinaux, papes, empereurs et rois ; sa chaire : tout fut la proie des flammes. Il ne resta que quelques colonnes profondément taraudées par l'intensité du feu, et d'immenses pans de murs lézardés, chancelants, si bien que , sous l'effort de la violente tempête (1) que nous

____

(1) 1 et 2 Nov.

venons d'essuyer, des masses de pierres en sont tombées avec un fracas épouvantable....

2°. *Les bibliothèques du Séminaire protestant et de la Ville* attenantes au Temple-Neuf dont elles occupaient le vaste chœur, sans parler des bibliothèques moins importantes du *Séminaire épiscopal et de l'Académie,* placées dans d'autres... locaux.

Le groupement de ces collections permettait d'en faire un ensemble complet de trésors littéraires, scientifiques et artistiques. Ils étaient ouverts au monde savant, et prêtés avec une généreuse libéralité et avec une exacte vigilance. L'Allemagne en profitait largement, pour sa part. Qu'elle déplore aussi ce qu'ont fait ses soldats! Tout, oui, tout a été brûlé, sauf quelques médailles de bronze.

Signalons un petit nombre de ces richesses à jamais perdues sur 250 à 300 mille volumes ou pièces précieuses.

La bibliothèque de *la Ville* renfermait, sans compter les M. S. de SCHOEPFLIN, dont le catalogue n'était pas achevé, à peu-près 1600 *volumes* de manuscrits; *le Séminaire* plus de 800 manuscrits. Nous citerons le *Hortus deliciarum* de HERRADE DE LANDSBERG, abbesse de Ste Odile, du 13e siècle, ardemment convoité par la bibliothèque de Berlin, espèce d'Encyclopédie du tems, ornée de nombreuses miniatures de la plus haute importance pour l'histoire de l'art et des costumes; — le *recueil de lois canoniques* fait par l'évêque de Strasbourg RACHIO, de 788, une des plus anciennes copies de la collection de *décrétales,* commencée par ISIDORE DE SÉVILLE, précieuse surtout parcequ'elle ne renfermait aucune des *fausses* décrétales; — un *recueil de prières* en caractères d'or et d'argent sur vélin pourpré, du 8e ou 9e siècle; — une clef très-complète des *notes tironiennes,* en caractères sténographiques usités dans la chancellerie carlovingienne; — un magnifique, *Missel* aux armes de Louis XII; — un *bréviaire* avec des miniatures entourées d'arabesques d'un goût parfait; — un *Corpus Juris* avec la Glose de Bologne, ayant appartenu au célèbre Reuchlin; — des M. S: *arabes*, *hébreux*, *grecs* et *latins*, dont la critique des textes a fait un savant usage jusque dans nos jours; — différents *Codes* de lois barbares; — les *écrits* de plusieurs prédicateurs (maître Eckart, J. Tauler, etc.) et poètes du Moyen-âge (Conrad de Würtzbourg, Godfried de Haguenau, Boner, etc.); — plusieurs exemplaires des *Chroniques de Kœnigshofen*, en latin et en allemand, publiées, il y a quelques mois, par le prof. Hegel; — une masse d'*Alsatiques* enfin.

En outre, *la Ville* possédait environ 8000 *Incunables*, entre autres, le *Virgile* de Memelin et sa *Bible allemande* imprimée à Strasbourg en 1466, etc. etc.

Sous le nom de *Bibliothèque grise* et de *Collectio Wenckeriana*, le *Séminaire* possédait deux collections de brochures des 16e et 17e siècles, en majeure partie théologiques, historiques ou politiques, formant à-peu-près 500 vol., renfermant, en moyenne, chacun 40 pièces introuvables. Ces deux collections pouvaient sans peine soutenir la comparaison avec celles de Berlin et de Wolfenbüttel.

Nous n'en finirions pas, si nous voulions dire tout; en particulier les noms des savants ou amateurs bibliophiles qui avaient grossi nos trésors; leurs portraits, les antiquités de toute sorte, les objets d'art: les vitraux peints, entre autres, et cela avec une délicatesse à faire envie au plus habile peintre hollandais; les inscriptions, les pièces curieuses, telles que la fameuse marmite de bronze des Zurichois (1576); le bonnet rouge dont, à l'époque de la Terreur, le sommet de la cathédrale, soupçonnée d'aristocratie à cause de son élévation, fut coiffée pour échapper aux niveleurs, espèce de maniaques semblables à ceux qui mènent les peuples à la boucherie. Non, nous n'en finirions pas, et nous nous bornons à ces quelques détails, en ajoutant : Tout cela n'est plus : *Fuit olim Troja...*

Mais aussi pourquoi, ai-je entendu dire cent fois, dans ma récente excursion en Suisse comme parmi vous, pourquoi n'a t'on pas songé à mettre, sinon tous, du moins les principaux de ces trésors, à l'abri des bombes? Nos bibliothécaires en chef (ils sont deux et tous deux, permettez moi de vous le dire de mes amis) y avaient sérieusement pensé : mais au moment où ils en parlèrent, l'administration supérieure avait d'autres ... chats à fouetter; et d'ailleurs, à vrai dire, personne ne s'attendait un instant à une attaque aussi violente, aussi inhumaine, avant toute opération militaire contre la citadelle, les remparts et la garnison ...

Ainsi s'explique encore la destruction totale du

3°. *Musée de peinture* installé depuis peu dans le bâtiment de l'Aubette, vaste et belle construction de pierre de taille, qui décorait le côté droit de la place Kléber. Petit, il est vrai, il n'en renfermait pas moins de précieux échantillons des Ecoles française, allemande, italienne, espagnole, hollandaise et flamande, et surtout de la pléiade de nos peintres strasbourgeois depuis Zix jusqu'à Th. Schuler; — j'en passe et des meilleurs, — et de belles statues d'Ohmacht et de Grass. De tout cela, rien n'est plus, *rien!*

Evidemment, de toutes nos pertes à part les deuils, la plus irréparable est celle de la bibliothèque. Mais un autre désastre, celui de la nuit suivante, du 25 Août, eut un retentissement plus poignant encore et surtout plus universel : je veux parler de l'incendie de la cathédrale.

Messieurs, il vous faut ici vous faire une juste idée de l'enthousiaste admiration, de la pieuse vénération dont tous les Strasbourgeois, non dégénérés, entourent leur chère cathédrale. Celle-ci est assurément le joyau de leur couronne civique, et tout Alsacien jouit de la muette contemplation où les étrangers restent plongés en sa présence.

Jugez donc de la douleur, de la sainte indignation qui pénétra les âmes, quand on entendit ce cri funèbre : *La Cathédrale brûle!* Et elle brûlait, en effet, elle, c'est-à-dire l'immense charpente qui recouvrait sa nef; et les flammes qui l'inondaient de toutes parts et dont le ciel fut empourpré, étaient rendues plus sinistres encore par les teintes verdâtres du plomb qui fondait de dessus son toit embrasé. Les obus pleuvaient; point de secours possible; l'orgue, la plupart des vitraux furent atteints; l'horloge échappa comme par miracle; le feu se répandit un instant à l'intérieur, par les ouvertures faites à la voûte, et se contenta de dévorer les bancs du chapitre situés dans le chœur. L'autel de pierre était baigné par les flammes. Un témoin oculaire me dit que rien ne saurait donner l'idée d'une aussi sublime horreur. Je n'y fus pas moi-même, parceque, au même instant, entre onze heures et minuit, à deux pas de chez nous, la jolie église neuve de l'Hôpital-Civil brûlait aussi, comme une allumette, menaçant plus d'un millier de vieillards pensionnaires et 500 malades alités, menaçant tout notre quartier! A force d'énergie, de courage, — et un digne et savant homme, l'infatigable pharmacien de ce vaste établissement, y aggrava sa maladie, — l'incendie fut arrêté; l'église seule fut détruite. Une demi-heure après, le feu se déclarait au fond d'une impasse, contre notre cour, qui fut arrosée d'une pluie de flammèches; et le matin, de bonne heure, un ami et moi, nous versions le dernier seau sur la dernière poutre incandescente. Dieu nous a préservés, et bien d'autres, comme vous le verrez tout-à-l'heure : mais notre quartier (Sud de la ville) fut sérieusement attaqué, et il y aurait passé, sans doute, si d'immenses inondations entre le Rhin et nous n'avaient pas longtems empêché les assaillants de rétablir leurs batteries de ce côté.

Les désastres ne se comptaient plus : la moitié de la gare, la Cour Marbach, le Palais de Justice, beau monument tout entier, brûlèrent les nuits des 25, 26 et 27 Août, et ainsi de suite . . . .

Et maintenant, Messieurs, pourquoi, dira-t-on, avant toute autre opération, — pourquoi ce vandalisme et cette attaque brutale contre une population inoffensive ? Il paraît que la stratégie de nos assiégeants a des profondeurs machiavéliques ; la réponse qu'ils ont donnée à votre question en fait foi : „Um moralisch zu wirken", a t-on dit et imprimé. Que dites-vous de cette influence *moralisante* ? ! On voulait nous forcer à la reddition par la terreur ! Mais des militaires doivent savoir qu'une place est fortifiée pour la résistance, — ce n'est pas certes à des Hollandais qu'il faut le rappeler, — et que la garnison, qui la défend, ne peut céder, sans motifs déterminants, à la pression des bourgeois. Chacun sait d'ailleurs que l'Alsace, que Strasbourg n'a jamais trahi la France ; et c'eût été trahir la France et forfaire à l'honneur que de se rendre lâchement. Aussi bien, nous pouvions attendre du secours ; et, de fait, — tant il est vrai que l'homme croit volontiers ce qu'il espère et espère ce qu'il désire, — les meilleures nouvelles circulèrent plusieurs fois en ville ; et notre désillusionnement répété ne fut pas une de nos moindres souffrances, sans parler de notre *exil*.

Malgré tout, la fermeté des Strasbourgeois ne s'est point

démentie, et par sa conduite l'ennemi n'a obtenu qu'un résultat, celui de renforcer la résistance en s'aliénant les coeurs. Hélas! ce ne fut pas sans de nouvelles pertes et de nouvelles douleurs qu'on tint bon.

Je crains, Messieurs, de vous fatiguer par trop de détails choisis entre mille. Je crains plus encore de paraître vouloir surexciter la sensibilité. Mais je l'atteste : ce n'est point aux nerfs que je prétends parler; c'est au coeur, à l'intelligence, à la raison. Eh bien! à partir de ces jours que les troupes assiégeantes, sans cesser un instant de tenir la ville en haleine et dans l'anxiété, commencèrent ce qu'on peut appeler le *Siége régulier*, en attaquant les remparts et leurs défenseurs, en essayant de faire brèche et en construisant leurs parallèles, jusqu'au moment de la capitulation : que de ruines et de deuils entassés! Que de nécessités urgentes! Que de malheureux promenés d'abris en abris provisoires! Que de difficultés à vaincre, de périls à braver!

Par son activité et son dévouement à répondre aux exigences de la situation, la *Commission municipale* mérite tous les éloges. Mais elle ne pouvait arrêter les flammes et les démolitions; et tel édifice public était à peine ouvert aux réfugiés, qu'il fallait l'abandonner au plus vîte. Ainsi du Théâtre d'où, entre autres, une jeune femme, ayant accouché la vieille, dans une loge, dut s'enfuir sous les flammes!...

Les Eglises, fort exposées, étaient presque toutes désertées. Nous nous réunissions en prières, ou dans des chapelles retirées, ou dans nos appartemens les mieux situés.

Les familles étaient souvent dispersées sous le coup du malheur. Une femme quittait avec ses enfants les ruines fumantes de sa maison, que le mari restait encore le plus près possible, pour veiller aux caves, remplies d'effets, de provisions. Blessé, il était porté à quelque ambulance et ce n'est qu'après la reddition que l'on se revoyait ... pour se séparer.

J'étais un beau matin, dans mon cabinet à écrire, qu'un enfant de 16 ans vient en larmes me prier de célébrer les obsèques de son père dont il était l'aîné. — „Ton père ! mais il était chez moi, bien portant, il y a quelques jours à peine ! — Oui, mais hier soir il est sorti pour chercher du travail; un obus l'a coupé en deux; il n'a eu, à l'hôpital, que le tems de communier et de nous recommander à Dieu !" Il laissait 6 enfants et une veuve enceinte. Le lendemain je suivais sa bière et rencontrais un autre convoi du même genre, celui d'un chef d'équipe laissant 10 enfants à sa femme ... pour toute fortune !

Un fabricant habile et bienveillant voit brûler, au faubourg, son établissement prospère et fructueux. Pendant ce tems chez lui, son beau-père fort âgé, n'écoutant que son courage, s'élance au grenier où un obus venait de tomber; un second (c'était l'usage) arrive au même endroit et l'étend raide mort. Sa fille était là ! !

Des fils bien-aimés, distingués, étaient, sur les remparts arrachés à leur parents désolés ! C'est ainsi qu'un de mes collègues de la campagne perdit son fils; et il ne le sut qu'après la reddition !

Cependant, que de délivrances, que de préservations surprenantes ! Un de mes voisins, un peintre, voit passer un fort éclat entre ses jambes ; un vénérable pasteur en voit un expirer à ses pieds ; un obus tout entier pénètre, à la hauteur d'un mètre, par une porte cochère, après avoir frôlé les vêtements de deux interlocuteurs debout, sur le seuil, éclate dans la cour en amoncelant les débris : 15 à 20 personnes étaient dans les pièces voisines ; nul n'a été touché. Un autre, un peu plus loin (je ne parle que de mon quartier et de choses que j'ai vues), un énorme, traverse, au 2ᵈ, trois murailles et, entre elles, une armoire à linge, va s'amortir contre la cage de l'escalier, ricoche sur l'escalier et s'arrête, *sans éclater*, sur le palier du premier, contre la pièce où étaient 7 personnes de ma parenté. Mais ce qu'il y a de plus frappant, c'est le fait de l'Ecole protestante de St. GUILLAUME; où, dès les premiers jours, un des plus gros projectiles se répand en mille morceaux dans la salle des classes où *devaient* être plus de cent enfants: par une heureuse inspiration, le maître avait, le matin même, donné congé.

Enfin, s'il m'est permis d'ajouter le témoignage de ma reconnaissance envers le Seigneur à celle de tant d'autres: en une seule matinée je l'ai échappé belle par trois fois, et, la troisième, une tête d'obus a bondi sur le pavé, contre le trottoir où je marchais. Vous dirai-je que je n'ai pas été ému? Non: on l'est toujours un peu, en pareille occurrence, et je ne vous souhaite pas d'en faire l'épreuve: mais on se fait à tout, même aux obus. Je sortais, jour par jour et à toute heure, comme beaucoup d'autres, sous l'impulsion du devoir; et quand un projectile s'avisait de s'approcher trop près de moi, j'avais sur la langue de lui dire: Que me veux-tu? Je l'aurais méprisé du fond du coeur, si je ne m'étais rappelé qu'il pouvait trancher les jours d'un frère et appeler une âme immortelle à comparaître devant Dieu.

Enfin, Messieurs, j'ai hâte de faire briller un rayon de soleil sur tant de scènes lugubres ou inquiétantes.

Vous savez tous le lien qui, de haute antiquité, unit Strasbourg aux villes de la Suisse. La fameuse marmite des Zurichois, dont nous parlions tantôt, est, non, était là pour l'attester. C'est dans cet ustensile que les ambassadeurs de Zurich apportèrent au bateau, une bouillie encore chaude aux Strasbourgeois, pour témoigner de leur empressement à voler à leur secours. C'était une promesse. On s'en est souvenu,.... sans rompre la neutralité suisse.

D'accord avec l'Etat-Major de Mundolsheim, qui longtems avait refusé de laisser sortir les faibles, sous prétexte que „ leur présence dans la ville était un élément de force pour l'assiégeant," (1) et avec les autorités compétentes de la place, M. M. les délégués suisses, Bischoff de Bâle, de Buren de Berne et Roemer de Zurich, présidents de leurs communes respectives firent, le Dimanche, 11 Septembre, à 11 heures du matin, par un tems radieux, leur entrée par la Porte Nationale, aux cris répétés de : Vive la Suisse! Vive la République! La foule inondait les rues; on aurait dit d'une fête publique : cependant les projectiles, plus rares sans doute, sifflaient encore, le canon grondait, comme pour nous ramener au sentiment de la réalité... Mais c'était pourtant bien un sujet de réjouissance qui nous faisait accourir au devant de nos généreux bienfaiteurs ; car ils venaient offrir un asile aux vieillards, aux femmes, aux enfants, sur cette terre de liberté et d'hospitalité séculaire que défendent, mieux que des murailles, de hautes et fières montagnes et de nobles et solides courages.

Le cortège se rend à l'Hôtel du Commerce. Toutes les mesures sont prises, notamment pour les plus pauvres qui seront hébergés, nourris, assistés, après avoir été transportés gratis.

De pareils traits honorent l'humanité; et certes ce jour, l'entrée triomphale (de nos braves libérateurs), simples et paisibles, en face de tout un appareil de siège, me

---

(1) Voir *Bombardement de Strasbourg*, par G. Tischbach, avocat, exrédacteur du Courrier du Bas-Rhin — 1870.

parut plus digne d'envie que celle des plus puissants potentats et des plus glorieux conquérants. Ce sentiment, je ne suis pas le seul à l'éprouver encore. Il est bon qu'il y ait quelques hommes de coeur qui s'attachent à sauver leurs frères, tandis que tant d'autres se creusent la tête pour les tuer!

Dès le Jeudi, 15 Sept., à 10 heures, un premier convoi de 500 réfugiés se met en marche. — On distingua dèslors deux sortes de convois d'émigrants : les *suisses*, organisés par nos délégués, et les *prussiens* composés d'hommes qui, par une intervention quelconque, recevaient un billet de sortie, un sauf-conduit du Général DE WERDER. Dans les premiers, il y eut environ 2000, dans les seconds, environ 1500 personnes qui quittèrent nos murs. J'ai assisté à plusieurs de ces départs. Tout n'y était pas joie; on se séparait... on ne savait pas si l'on se reverrait... si, dût-on se revoir, ce serait en France, en Allemagne, ou en pays neutre. Ainsi le père d'une des familles que j'hébergeais dans ma cave présida avec tendresse au départ de sa smala, rentra par un vilain tems qui le refroidit, contracta la petite-vérole (elle règnait depuis longtems en ville) — et mourut le surlendemain de la reddition. Sa femme dévouée, qui n'était pas sortie d'Alsace, put seule le revoir, mais délirant.

Messieurs, laissant de côté maint autre détail et surtout la description de foule de désastres publics ou privés et de blessures hideuses que j'ai vues dans nos ambulances, j'arrive au dénoûment de notre drame si déplorable. Tout en nous meurtrissant de plus en plus, l'ennemi poursuivait ferme l'exécution de ses travaux d'approche; la 3e parallèle était terminée; la brèche, à la porte des Pierres, commencée, le mur ouvert. Déjà s'agitait en ville la grosse, la solonnelle question : L'Assaut sera-t-il donné ? Faut-il l'attendre ? A qui cela pourrait-il profiter ?

Déjà les délégués suisses avaient mis tout en oeuvre de part et d'autre pour empêcher qu'on en vînt à cette extrémité. Elle eût été probablement plus épouvantable que tout le reste, et tout le monde était renseigné sur les évènements, hélas ! sur les affreux malheurs de la France dont les troupes ne pouvaient plus nous aider.

D'autre part nous savions que, dans un très-court délai, et pour protéger son irruption en ville du côté Nord, l'ennemi devait faire pleuvoir le feu sur le quartier Sud. Les inondations ayant considérablement diminué depuis une huitaine, rien ne l'empêchait plus de dresser ses batteries et de lancer ses bombes où il voulait. Un témoin nous avait rapporté le mot du Général WERDER : „ Ich habe den Befehl die Stadt einzunehmen, und ich werde es thun, wenn sie auch zu einem Schutthaufen wäre !" (1) Malgré toute sa bravoure, notre petite garnison ne pouvait évidemment pas tenir tête longtems à une armée de 70 à 80,000 hommes. L'honneur était sauf, le devoir rempli ; le conseil de défense renfermant des hommes fort distingués, reconnut l'impossibilité d'une plus longue résistance. Le Général UHRICH capitula juste à point pour éviter les inutiles calamités qui auraient infailliblement précédé, accompagné et suivi un assaut imminent.

C'était le Mardi, 27 Septembre, 46ᵉ jour du bombardement, vers 5 heures du soir : jusque là la canonnade avait semblé redoubler de fureur. Tout-à-coup elle cesse, comme par enchantement. Un grand pavillon blanc flottait

---

(1) J'ai reçu l'ordre de prendre la ville, et j'obéirai à quelque prix que ce puisse être !

sur la cathédrale et foule de gens le montrent avec dés-
appointement, avec tristesse. Une certaine effervescence se
manifeste parmi les soldats, mobiles, ou gardes nationaux;
des protestations, quelques légers désordres partiels éclatent.
Bien rigoureux ceux qui ne comprendraient pas ces mou-
vements patriotiques! Bien pédants ceux qui nous feraient
un crime de ce qu'ils n'ont pas été très-*corrects* en un
pareil moment!

Le 28, à 2 heures du matin, la capitulation était rédigée
et signée. Le Général WERDER accordait les honneurs de
la guerre à la garnison et s'engageait à faire respecter la
ville, ses habitants et leurs droits.

Le même jour, à 7 heures, on affichait la proclamation
suivante :

„ Habitants de Strasbourg!

„ Ayant reconnu aujourd'hui que la défense de la place
de Strasbourg n'est plus possible, et le conseil de défense
ayant unanimement partagé mon avis, j'ai dû recourir à
la triste nécessité d'entrer en négociations avec le général
commandant l'armée assiégeante.

„ Votre mâle attitude pendant ces longs jours de douloureuses épreuves m'a permis de retarder jusqu'à la dernière
limite la chute de votre cité. L'honneur civil, l'honneur
militaire sont saufs, grâce à vous: merci!

(Suivent des remerciments détaillés à l'adresse de tous
ceux qui l'ont secondé; puis le général ajoute):

„ Je conserverai jusqu'à mon dernier jour le souvenir
des deux mois qui viennent de s'écouler, et le sentiment
de gratitude et d'admiration que vous m'avez inspiré ne
s'éteindra qu'avec ma vie.

„ De votre côté, souvenez-vous sans amertume de votre
vieux général, qui aurait été si heureux de vous épargner

les malheurs, les souffrances et les dangers qui vous ont frappés, mais qui a dû fermer son coeur à ce sentiment, pour ne voir devant lui que le devoir, la patrie en deuil de ses enfants.

„Fermons les yeux, si nous le pouvons, sur le triste et douloureux présent, et tournons-les vers l'avenir; là nous trouverons le soutien des malheureux : l'espérance!

„Vive la France à jamais!"

Voilà, Messieurs, de nobles paroles: elles se sentent, on ne les commente pas.

A 11 heures, la garnison sort par la Porte nationale. Les soldats brisent leurs armes ou les jettent à l'eau. Le peuple est silencieux, abattu, consterné. Quelques adieux seulement, quelques poignées de mains, quelques larmes à la dérobée : c'est tout!

A midi, les troupes allemandes font leur entrée. Le bruit sec de leurs tambours, le son agaçant de leurs fifres les précèdent.

Que dire de cette seconde partie de notre entretien? Ne pouvons-nous pas la résumer en ces mots : ruines, douleurs, désolations, deuil et tristesse du tombeau ?

III.

Et maintenant, Messieurs, jetons, s. v. p. un regard en arrière. Tout se ramène à quelques chiffres douloureusement, amèrement éloquents.

241 pièces en tout ont été employées au bombardement de Strasbourg, pièces de toutes sortes et de tous calibres.

Durant les 31 jours qu'a duré le siège régulier du 27 Août au 27 Septembre, elles ont lancé sur la ville 193,722 projectiles, dont 162,600 par l'artillerie prussienne, qui avait 197 bouches à feu, et 31,122 par l'artillerie badoise qui en avait 44. — Celle-ci aurait bien dû se souvenir que l'immortel architecte de la tour de la cathédrale, ERWIN, est né à Steinbach, près Bade, et que l'Alsace et le Grand-Duché n'ont jamais été des ennemis irréconciliables...

Je vous fais grâce des détails de noms, de poids, de volumes et de nombres respectifs de tous ces projectiles, bien que tout cela soit officiellement constaté. Je vous dirai seulement que, en établissant une moyenne sur le chiffre total de ces boulets lancés *en ville*, cela fait par jour 6249, par heure 259, par minute entre 4 et 5.

Habitants de la ville, nous distinguions ces coups multipliés selon leurs différentes directions et surtout ceux qui venaient vers nous. Des habitants de la campagne m'ont affirmé que, la plupart du tems, ils n'entendaient qu'une sorte de roulement de tambour ou plutôt de tonnerre, tant le tir était rapide et foudroyant. On en percevait d'ailleurs le bruit jusqu'à 7 à 8 lieues de distance.

Malgré l'étendue de nos pertes et de nos deuils, on peut dire que le nombre des victimes n'a pas encore été, grâce à Dieu, en proportion du danger et de la violence de l'attaque. On compte :

environ 2000 civils, dont près de 400 morts ;
3000 militaires, dont 7 à 800 tués.

C'est beaucoup, sans doute : mais nos malheurs auraient pu être plus grands sans la protection visible du Seigneur et sans la prudence des habitants. Hélas ! ils n'ont pas pu veiller toujours d'assez près sur maints enfants qui, rencontrant sur leur chemin, pendant et même après le bombardement, des obus qui n'avaient pas éclaté, s'en emparaient, en jouaient imprudemment, les laissaient tomber... et plusieurs en reçurent la mort ou d'affreuses blessures. Aussi quand peu après la reddition, une haute et puissante dame vint offrir des secours pour les nouveaux *enfants* de l'Allemagne, la directrice dévouée d'une de nos principales ambulances put lui répondre : „C'est bien, car vous en trouverez 80 des plus petits, dans un de nos refuges''...

Tout le périmètre de nos faubourgs, depuis la Porte Nationale jusqu'à la Porte des Pêcheurs, fut, à peu de chose près, détruit de fond en comble, surtout par le feu.

On compte 4 à 500 maisons renversées, et cela si bien, qu'en maint endroit, on n'en reconnaît plus l'emplacement, sans parler des édifices publics, dont plusieurs ont été anéantis. Nous citerons le Temple-Neuf, l'Aubette, le Palais de Justice, quelques casernes immenses, le Théâtre, la Préfecture.

La Banque, la Mairie, les églises S^t. Nicolas et S^{te}. Aurélie, la Gare, l'Hôpital, la cathédrale ont subi de très-considérables dommages. Les devis d'architecte etc... pour la restauration de la seule cathédrale et des merveilles qu'elle renferme (c'est un monde) s'élèvent à un million-sept-cent-mille fr. En ce moment même, un échafaudage est dressé à l'entour de la couronne, pour réparer ces bris et redresser la croix qui, peu de jours avant la reddition, a été penchée par un boulet. La somme totale des pertes ne peut être évaluée que fort approximativement : mais on l'estime de cent à cent-cinquante millions. Remarquez s. v. p., que les maisons même les plus épargnées ont eu des dégats intérieurs : un obus qui éclatait pouvait abîmer une pièce, un appartement. *Ab uno disce omnes.* Nous sommes 22 à 23 pasteurs en ville. Sans parler de deux d'entre eux qui ont été victimes dans leurs personnes de la manière la plus sensible pour leurs familles, trois ont eu leurs maisons et leurs biens dévorés par les flammes; trois, leurs appartements saccagés par les obus.

Et remarquez que toutes les mêmes ruines ont été entassées autour de Strasbourg sur plusieurs points, dans un rayon de trois ou quatre kilomètres. Nos ennemis brûlaient parfois les fermes, les campagnes, comme par rage ou par une sorte de plaisir barbare. En voici un exemple bien connu. A la Musau, se trouvait un beau moulin, avec propriété à l'entour, appartenant à M^r. K., dont la fille a épousé un loueur de voitures, de mon voisinage. Un beau matin, un lieutenant badois KAGENEK (c'est un nom fatidique parmi nous, car c'est aussi celui de tout un quartier riche et prospère, à gauche de la Gare, qui a été rasé) — se présente pour donner l'ordre d'évacuer la maison. „Dans dix minutes, dit-il, nous y mettrons le feu. — Mais pourquoi, au nom du ciel ! — Pas de discours, décampez : il y a ici des francs-tireurs. — Mais non, monsieur, pas du tout ; voyez vous même, vous trouverez dans la maison neuf femmes réfugiées de Strasbourg. — Dix minutes, et c'est fini !" Il se retire. Les malheureux habitants cherchent avant tout un cher petit enfant que sa bonne, affolée de terreur, avait emporté. On le retrouve enfin : mais les minutes volent ! On veut alors se mettre en devoir de déménager le linge, les effets de corps... Les soldats se jettent sur les femmes. „Les dix minutes sont écoulées ; partez !" mettent le feu et tout brûle.

Voilà une fortune, patiemment amassée, engloutie en un instant. C'est le fait de quantité d'industries fructueuses dans nos faubourgs et ailleurs.

Enfin, Messieurs, figurez-vous sept mille de nos concitoyens ruinés, sans abri, sans ressources, la plupart sans travail à l'entrée de l'hiver. Voyez l'ennemi faisant réquisition de nos ouvriers pour ses propres besoins et inondant nos maisons de ses garnisaires en nombre égal à peu-près, — ironie sanglante ! — à celui de nos malheureuses victimes ! Je le répète : notre infortunée cité est plongée dans le deuil, dans le silence éloquent du tombeau...

Que faire? Qu'auriez-vous fait vous-mêmes? Pourvoir au plus pressé, courir au devant de la misère et surtout de la misère honteuse de tant de gens dépouillés de leur aisance. A cet effet, il faut que la charité, que les ressources de la charité se multiplient. Voilà ce qu'a compris *le Comité de Secours* dont je suis aujourd'hui le représentant, l'ambassadeur parmi vous, pour faire appel à votre générosité. Ah! permettez-moi de vous le dire : le beau privilège que le vôtre et le mien!

Composé jusqu'à présent de vingt trois membres, tous citoyens de Strasbourg, empruntés à tous les quartiers, à toutes les classes, à toutes les dénominations religieuses et d'un nombre illimité d'auxiliaires, surtout en vue des enquêtes les plus sérieuses, jouissant d'une pleine initiative, mais agissant de concert avec la Commission municipale, dont le chef est son président d'honneur : notre Comité a, outre son bureau, trois commissions dans son sein : celle des *magasins et des vivres ;* celle des *abris* et celle des *finances.*

Il se propose pour but unique de soulager les besoins *actuels,* de panser les blessures toutes fraiches encore et, si possible, de cicatriser les plaies, de fournir à nos frères, par des secours en argent ou en nature et surtout par les instruments du travail, les moyens d'attendre un moment plus prospère, le jour où la ville pourra renaître de ses cendres et réparer ses ruines.

Les sommes affectées à la reconstruction, aux indemnités en faveur des propriétaires d'immeubles demeurent, en attendant aux mains de la municipalité qui, de son côté, envoie à notre Comité tout ce qui lui arrive pour le soulagement immédiat de tous ceux qui manquent de pain ou grelottent de froid.

Ah! nous connaissons, pour notre compte, un moyen facile, équitable, politique et heureux, d'indemniser la ville de Strasbourg sur une grande échelle, de donner libre essor à tous les éléments de prospérité matérielle et morale qu'elle renferme dans son sein; de rassurer enfin les âmes contre les formidables, les révoltantes prétentions d'un militarisme effréné et contraire à l'Evangile, à toute vraie civilisation! Ce serait de démanteler la place et de lui donner la libre disposition d'elle-même pour s'étendre et grandir pacifiquement par le commerce, la science et l'industrie? Alors nous verrions de quel côté sont ses sympathies!...

Mais cela est peut-être trop simple et trop beau... et j'oublie un moment que je ne dois pas faire de politique.

Jusque là, Messieurs, il y a l'hiver à passer tout au moins, et je cours au but, au fait. Notre Comité m'y exhorte par son exemple. Il est en permanence, étudie tous les besoins, instruit toutes les causes, recherche avidement toutes les occasions de se rendre utile, en particulier les locaux disponibles et qu'il peut approprier au logement des malheureux. Ainsi, dépouillée de ses savants professeurs, de ses cours suivis par une jeunesse studieuse et quelquefois par une élite de la société strasbourgeoise, depuis la jeune fille jusqu'au vieillard, l'*Académie*, merveilleusement épargnée avec ses riches collections, abrite aujourd'hui environ 250 personnes; le *Kuppelhof*, vaste immeuble peu habité, environ 200.

Près de 2000 familles ont été assistées et doivent l'être encore sans relâche.

Vos dons, vos efforts leur viendront en aide, comme ceux de la Suisse, de l'Allemagne et même de la malheureuse France. (1)

Je vous remercie tous, du fond du coeur, je remercie toutes les villes de la Hollande où j'ai pu m'arrêter dans

---

(1) Bâle, à lui seul, vient d'envoyer 109,000 fr., — Hambourg, 40,000 fr., — Nîmes et Lyon, 12,000 et 6000 fr., — et bien d'autres.

l'intervalle de trois dimanches consacrés à la prédication ; je remercie particulièrement tant d'amis dévoués, anciens ou nouveaux, pour l'accueil empressé qui a été fait à nos prières, et, ne puis-je pas ajouter aussi, avec une vive gratitude, à ma personne et à ma parole.

Je remercie enfin le *Comité de Strasbourg* d'avoir bien voulu me confier une si belle mission, et, par-dessus tout, je rends grâce à Dieu de ce qu'il a daigné me soutenir et m'encourager dans son accomplissement.

Tournons tous, Messieurs, et ceux qui donnent et ceux qui reçoivent, les yeux vers ce Dieu de nos Pères, vers l'Eternel-Libérateur, dont „le bras n'est pas raccourci" et dont le coeur est „compatissant, lent à la colère et abondant en grâces," vers „le Père des miséricordes," en un mot, manifesté et agissant pleinement en la personne de Jésus, „son Fils Unique, notre Rédempteur!" Non, il n'est pas un Dieu de la guerre; il est un „Dieu de Paix;" et notre Sauveur, „Prince de la Paix," a dit, — on l'oublie trop souvent: „Celui qui combattra par l'épée périra aussi par l'épée."

Humilions-nous donc sous la puissante main de Dieu, dans le sentiment de nos erreurs et de nos fautes : car nous sommes tous solidaires les uns des autres, et jamais la paix n'est troublée dans le monde, sans que les vrais croyants n'aient à prononcer sincèrement leur *meâ culpâ*. Quand Israël s'humiliait et priait, il était vainqueur de tous ses ennemis, quels que fussent et leur nombre et leur acharnement.

France bien-aimée, grande dans ton passé, grande dans ton avenir, que ce soit là ton sort! Tu es abaissée, aujourd'hui, matériellement, militairement : c'est pour t'élever, demain, moralement, dans la paix, la vérité, la justice, la charité et la liberté! Crois, et tu seras sauvée! Prends l'épée de la Parole divine, et montre au monde entier ce que peut l'Evangile servi par une nature loyale, généreuse, sympathique!

Et vous, qui pouvez exercer quelque influence sur les destinées des peuples, vous qui attisez froidement, si je puis dire, par ambition, le feu des haines nationales, vous qui pouvez parler de la guerre d'un coeur léger, souffrez, S. v. P., que nous vous proposions, nous tous, instruits des causes et des horreurs de la guerre un but, un aliment naturel et légitime à votre ardeur belliqueuse; dressez vos batteries contre le mal sous toutes ses formes en vous et hors de vous; courez sus à l'ignorance, au fanatisme, à la sottise; demasquez la ruse, l'astuce, l'hypocrisie; combattez toutes les mauvaises passions qui nous divisent; faites guerre au péché, en un mot, par amour du pécheur; faites guerre à la guerre, ce fruit empesté du mal! Donnez votre coeur à Dieu et réparez les brèches :

Il n'est de fondements que ceux de la justice,
    D'appui que le bon droit, d'espoir qu'en l'Eternel.
Qui s'éloigne de Lui se perd, dans sa malice,
    Repoussé du toit paternel.

Enfant retourne à Lui comme le fils prodigue;
    Chrétiens, ouvrons les yeux, choisissons notre sort :
Contre les violents que tout en nous se ligue
    Pour vaincre du péché la mort!

Fuyons tous des combats la gloire meurtrière
    Pour arborer enfin l'étendard de la Paix :

> Peuples, il en est tems, faites guerre à la guerre,
> Unissez-vous par des bienfaits.

> Puisse la Charité, débordant comme un fleuve,
> Porter la vie au loin, dans ses flots généreux!
> Jaloux de Liberté, que chacun s'en abreuve!
> Que les hommes s'aiment entre eux! (1)

(Plusieurs Comités ont été organisés à Amsterdam, à La Haye, à Rotterdam, à Leyde, à Dordrecht, pour recueillir les dons de la Hollande et les centraliser aux mains de M^r. H. G. Oyens, banquier, 515 Heerengracht, à Amsterdam, qui veut bien se charger de les faire parvenir au Comité Central de Strasbourg. J'ai recueilli et remis, pour ma part, près de 8000 fr. (2); 4000 fr. nous sont annoncés encore d'Amsterdam seulement.

On sait de reste que nos misères, nos ruines ne sont pas les seules en France où l'ennemi semble détruire, pour détruire. Aussi n'ai-je pu qu'applaudir à la pensée généreuse de quelques amis de La Haye qui voudraient, pour étendre les bienfaits, généraliser la collecte et rattacher même, si possible, cette oeuvre réparatrice à la *Croix Rouge* si bienfaisante, qui jouit d'une notoriété déjà ancienne et de beaux capitaux.)

---

(1) Écrit pendant la dernière nuit du bombardement.

(2) Notre conférence a rapporté à Amsterdam tout près de 1000 fr., à La Haye plus de 1200 fr. Encore merci!

135

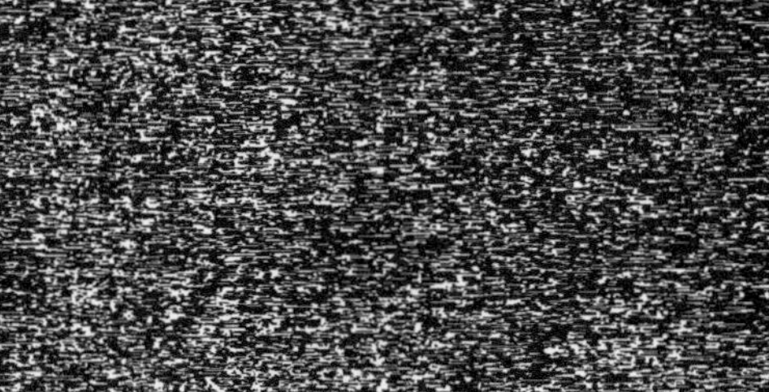